सुनो कारीगर

सुनो कारीगर

उदय प्रकाश

वाणी प्रकाशन

वाणी प्रकाशन
4695, 21-ए, दरियागंज, नयी दिल्ली 110 002
फ़ोन : +91 11 23273167 फ़ैक्स : +91 11 23275710
शाखाएँ
अशोक राजपथ, पटना 800 004, बिहार
कॉफ़ी हाउस कैम्पस, महात्मा गांधी मार्ग, इलाहाबाद 211 001, उत्तर प्रदेश
महात्मा गांधी अन्तरराष्ट्रीय हिन्दी विश्वविद्यालय, वर्धा 442 001, महाराष्ट्र
सुल्तानिया रोड, मोतिया पार्क, भोपाल 462 001, मध्य प्रदेश
www.vaniprakashan.com
marketing@vaniprakashan.in
sales@vaniprakashan.in

SUNO KARIGAR
by Uday Prakash

ISBN : 978-81-8143-650-4
Poetry Collection

संस्करण 2001, 2007
तीसरा संस्करण 2021

सिटी प्रेस, दिल्ली-110 095 में मुद्रित

वाणी प्रकाशन का लोगो मक़बूल फ़िदा हुसेन की कूची से

काशीनाथ सिंह और राजेश, अरुण कमल, नरेन्द्र जैन, राजेन्द्र शर्मा, नन्दकिशोर नवल, मंगलेश, भारत भारद्वाज, मोहन जी, असगर वजाहत, अनिल, राजा, मुकेश, स्वप्निल, प्रभात मित्तल और श्याम के लिए अपनी कविता की पहली किताब

अनुक्रम

सुनो कारीगर

यह कच्ची
कमज़ोर सूत–सी नींद नहीं
जो अपने आप टूटती है

रोज़–रोज की दारुण विपत्तियाँ हैं
जो आँखें खोल देती हैं अचानक

सुनो, बहुत चुपचाप पाँवों से
चला आता है कोई दुःख
पलकें छूने के लिए
सीने के भीतर आने वाले
कुछ अकेले दिनों तक
पैठ जाने के लिए

मैं एक अकेला
थका–हारा कवि
कुछ भी नहीं हूँ अकेला
मेरी छोड़ी गयी अधूरी लड़ाइयाँ
मुझे और थका देंगी

सुनो, यहीं था मैं
अपनी थकान, निराशा, क्रोध
आँसुओं, अकेलेपन और

एकाध छोटी–मोटी
ख़ुशियों के साथ

यहीं नींद मेरी टूटी थी
कोई दुःख था शायद
जो अब सिर्फ़ मेरा नहीं था

अब सिर्फ़ मैं नहीं था अकेला
अपने जागने में

चलने के पहले
एक बार और पुकारो मुझे

मैं तुम्हारे साथ हूँ

तुम्हारी पुकार की उँगलियाँ थामकर
चलता चला आऊँगा
तुम्हारे पीछे–पीछे

अपने पिछले अँधेरों को पार करता।

सुराही

चिकनी मिट्टी का
बेडौल लोंदा घूमता है
घूमती हुई चाक पर

मिट्टी यों ही घूमती रहेगी घिरनी जैसी
गोल–गोल–गोल
जब तक उँगलियाँ उसे तराशेंगी नहीं
और बेकार मिट्टी करोंछ कर
छाँटेंगी नहीं

उँगलियों के बिना
माटी माटी है
घड़ा नहीं

उँगलियों के बिना
माटी माटी है
रोटी नहीं

तुम्हारी उँगलियों के बिना
पानी कैसे भरेगा
माटी में ठण्डा–ठण्डा
उठो भाई परमेसुर
आँतों के इशारे से उँगलियों को छुड़ाओ

एक लोटा पानी सड़काओ
और फिर
हो'ज्जाय इलाहाबादी आर्ट...

रचाओ फिर से
यह माटी–आग–पानी का खेल
छकाओ अपने पेट को
दिलासा दो अपनी चुनमुन की सुबकियों को

बाज़ार के मुताबिक़
तैयार करो सुराही
नहीं तो वह गेंडा–सा तुंदियल
टेढ़ा–मेढ़ा हाथी का बच्चा ठेकेदार कहेगा–

'परमेसुरा, बोल
टेढ़ी कैसे है
सुराही की गर्दन?'

बढ़ई की लड़की

हरे मैदान में
खेलते हैं
पेड़
गेंद फेंककर एक–दूसरे की
नंगी हथेलियों में।

सितार की तरह बजते हैं
चिड़ियों के उल्लास में
लदे हुए पेड़।

कहीं भी न जाते हुए
विदा माँगते
हाथ हिलाते हँसते हैं
हः–हः–हः–
मिज़ाज पूछते।

इन पेड़ों की छाँह में
चुप थकी बैठी
बढ़ई की लड़की
तेरी उम्र
क्या होगी इस वक़्त?

इस वक़्त
जब पेड़ चुप–चुप
एक–दूसरे की
जड़ों को छू रहे हैं।

इस वक़्त,
जब जानना चाहते हैं
पेड़–बढ़ई की लड़की
तेरे सपनों में कौन होगा?
कौन–सा पेड़?

अपनी उत्तेजना में
पत्तियाँ झाड़कर
अपनी छाल उतार कर
तुझे रोटियाँ देता

तेरी उम्र क्या होगी
इस वक़्त
बढ़ई की नन्ही–सी
लड़की।

पिता

पिता
झाड़–झंखाड़, घाटियों और पत्थरों से भरे
चटियल मैदान थे।
पिता सागौन, शीशम, बबूल, तेंदुओं और हिरनों से भरे
बीहड़ थे।

बचपन में अक्सर
किसी ऊँचे टीले पर चढ़कर
मैं आस–पास के गाँवों में
ललकार दिया करता था।

नाके के पार
शहर तक में
पिता का रौब था।
एक–एक इमारत पर
उनकी कन्नियाँ सरकी थीं।
एक–एक दीवार पर
उनकी उँगलियों के निशान थे।
हर दरवाज़े के काठ पर
उनका रन्दा चला था।

नाके के इस पार
जहाँ से गाँव की वीरानगी शुरू होती है

हर खेत की कठोर छाती पर
पिता अपनी कुदाल
धँसा गये थे।
हल की हर मूठ पर
उनकी घट्ठेदार हथेलियों की छाप थी।
हर गरियार बैल के पुट्ठों पर
उनके डण्डे के दाग थे...

बचपन में
पिता के कन्धे पर बैठकर
मैं बाज़ार घूमने जाता था।

पिता पहाड़ की तरह
चलते भीड़ के बीच
उनके कन्धे पर मैं
जंगली तोते की तरह बैठा रहता।

बाद में पिता
ग़ायब हो गये
कहते हैं खेत, कुदाल,
बैल, इमारतें, ईटें, दरवाज़े, बाज़ार
उन्हें पचा गये।

मुझे लगता है
उस चटियल मैदान
के भीतर (जो पिता थे)
ज़मीन की दूसरी–तीसरी पर्तों में।
सरकता हुआ कोई
नम सोता भी था

जो मेहनत करते
पिता की देह के अलावा
कभी–कभी मेरी आँखों से भी
रिसने लगता था।

इमारत

कारीगर नहीं है
लेकिन इमारत में
कारीगर का चेहरा पसीने में
लथपथ है

कारीगर का चेहरा पसीने में
लथपथ है इसलिए
इमारत की दीवालें सीलन से
भर गई हैं

कारीगर के शरीर में
जगह–जगह ज़ख़्म पक रहे हैं
इसलिए इमारत की दीवालों में
दरारें पड़ गई हैं
और नींव को दीमक चाट रहे हैं

कारीगर बूढ़ा हो गया है
उसके बाल झड़ रहे हैं
इसलिए इमारत के प्लास्टर
उखड़ रहे हैं

बहुत बूढ़ा हो चला है कारीगर
बहुत पुरानी हुई इमारत

एक दिन इमारत का मालिक
इंजीनियर के साथ
इमारत के मुआयने पर आता है

इंजीनियर इमारत की जाँच
करता है–

'कहाँ है
कहाँ है–कहाँ है
कारीगर–कारीगर को बुलाओ
इमारत तो हिल रही है
ज़ोर–ज़ोर से'
इंजीनियर कहता है

नहीं जानता इंजीनियर
या जानता है
कि इमारत हिल रही है
ज़ोर–ज़ोर से
क्योंकि तीन सौ मील दूर
गाँव में अपनी झिलंगी खटिया पर
पड़ा हुआ कारीगर
खाँस रहा है ज़ोर–ज़ोर से।

डाकिया

डाकिया
हाँफता है
धूल झाड़ता है
चाय के लिए मना करता है

डाकिया
अपनी चप्पल
फिर अँगूठे में सँभालकर
फँसाता है

और, मनीआर्डर के रुपये
गिनता है।

अनुकपुर जंक्शन

और कितना है अब अनुकपुर जंक्शन

बस पास ही तो है
गाड़ी जहाँ खड़ी होगी कोयला–पानी लेने
बिलासपुर, झार छोखड़ा, संभलपुर,
चाय बासा, जसी डीह
जाने कहाँ–कहाँ जायेगी
धुआँ–धक्कड़ छोड़ती

बस पास ही तो है अनुकपुर
धसान नदी के दो मील उधर
अमलई पेपर मिल के पाँच मील इधर

पास ही तो है अनुकपुर
जहाँ पोटर–खलासी बीड़ी फूँकते
खैनी मलते
हक्क्–हक्क् हँसते
पटरियों के किनारे
चलते चले जाते हैं दूर–दूर तक

उनकी कन्दीलें सरकती रहती हैं
अँधेरे में हिलती हुई
एक खलासी चढ़ जाएगा

खम्भे के ऊपर सिग्नल डाउन कर देगा
और तुरत गाड़ी कूकने लगेगी
कहीं बहुत दूर से
जंगल की तरफ़

गाड़ी कूकने लगेगी उधर
जिधर भिलाई डोंगरी है

खलासी सारी रात जाँच–पड़ताल करेंगे
कि पटरियाँ सही जगह पर तो हैं
कि नट–बोल्ट कसे हुए तो हैं
कि किसी हत्यारे ने अँधेरे में
चोरों की तरह छुपकर
फिश प्लेटें तो नहीं निकाल दी हैं
कि टेलीफ़ोन के तार कटे हुए तो नहीं हैं

कोई छुपा तो नहीं है
धसान नदी वाले
बड़े पुल के नीचे
जिसके ऊपर से गाड़ी गुज़रेगी
अभी, ज़रा देर बाद

खलासी सीटियाँ बजाते रहेंगे
कन्दीलें अँधेरे में सरकती रहेंगी
बीड़ियों की लाल–लाल आँखें टहलती रहेंगी
चौकसी में
पटरियों के किनारे–किनारे
दूर तक

खलासी छड़ पीटते रहेंगे
खाँसते रहेंगे रात भर

उनकी नीली क़मीज़ें
अँधेरे में गश्त लगाती रहेंगी

गाड़ी में
खलासियों में कत्तई बेख़बर
बच्चे गहरी नींद में होंगे
उन्हें पाठशाला की किताबों ने
कुछ नहीं बताया होगा
खलासियों के बारे में

बच्चों की नींद में
गैस गुब्बारे उड़ रहे होंगे
गैस गुब्बारों के रंगों में
खलासियों की
नीली क़मीज़ें हँस रही होंगी

कुछ मुसाफ़िर ताश खेल रहे होंगे
कुछ दरी–चादर समेट रहे होंगे

कोई नौजवान
घर से बाँधी गयी
पूड़ियाँ खा रहा होगा
आलू के साथ

कोई नहीं सोचता
खलासियों के बारे में
लेकिन खलासी सोचते रहते हैं
सब के बारे में

यल'लो,
गाड़ी पहुँच रही है अनुकपुर जंक्शन
सिग्नल गिरा हुआ है

खलासियों ने मुस्कुराते हुए
हरे काँच चढ़ा लिए हैं कन्दीलों में

असंख्य हरी–हरी कन्दीलें
हिल रही हैं रात में
पटरियों के अगल–बगल
किनारे–किनारे
दूर–दूऽर तक।

हाल चाल

कैसे हो भाई तुम
जीवन दास?
आते–जाते, यहाँ–वहाँ
रोज़ दिख जाते हो
कैसे हो, कुशल–मंगल
राज़ी–ख़ुशी तो है?

कैसी है राजी की खाँसी
मंगल के लकवे में
क्या तरक्की है?
सब ठीक–ठाक तो है?

कैसी है तुम्हारी धुआँ देती
आग उगलती बीवी
कितना आँसू ढरकाती है
कितने दिन से बीमार है चूल्हा

राख कहाँ नहीं है
जीवन दास
किसकी साँस में मोर्चा खाई
करछुल नहीं बजती
किसकी नींद में रोटी
बिना बेले नहीं रह जाती

भाई जीवन दास
जीवन ही ऐसा है घर गिरस्थी का

मुझे मालूम है
तुम कहोगे–सब ठीक–ठाक है
चल रही है गाड़ी
लेकिन तुम्हारी हँसी
तुम्हारी खड़खड़िया साइकिल की
सीट जैसी उखड़ी है
तुम्हारे दाँत हैंडिल की तरह
टेढ़े हैं

भाई, जीवन दास वल्द जियावन दास
इस विपदा में ब्रेक कैसे
लगाओगे?

तुम जानते हो
कि आगे ढलान है
फिर नाला है
खाई है, खन्दक है
कुआँ है, पेड़ है
इस तरह
तुम्हारी घर गिरस्थी
तुम्हारा सारा जीवन
तुम्हारे आगे है जीवन दास

कब तक अकेले दफ़्तर से...
लौटोगे गंजे–गुस्सैल बाबू की
मेज़ वाली घण्टी पर हाँफते–झींखते
कब तक कैरियर में

ख़ाली झोला भूखा कनस्तर
झुलाये लौटोगे

कब तक बच्चों के गाल में
ख़ाली थपकियाँ बजाओगे
कब तक औरत को ठोंक–पीट कर
सुलाओगे
शहर की नीयत और
मोहल्ले के चाल–चलन पर
कब तक भरोसा करोगे
जीवन दास?
कब तक
आख़िर कब तक
यूँ खोए–लुटे
थके रुआँसे रहोगे?

ये अकेले का सफ़र नहीं है
जीवन दास
तुम अपनी साइकिल के
अकेले–अनोखे सवार नहीं हो
जीवन दास

जीवन दास
ज़रा एक बार
ठीक से
सोचकर तो देखो।

पिता

नहीं वह तुम्हारा नगर नहीं था पिता
दाख़िल हुए थे तुम जहाँ
अपने औज़ारों का झोला कन्धे पर लटकाए

नींव में डाले गये पत्थरों की दरार में
चूने मिट्टी का गारा भरते
एक–एक ईंट को सजाकर
दीवार उठाते तुम्हारी उम्र जहाँ गुज़री थी

वह दीवार, वह खिड़की
वह इमारत तुम्हारी नहीं थी पिता
जिसे तुम बुखार जैसी गहरी आत्मीयता में
डूबकर थरथराते
अपना घर कहते

नहीं, वह तुम्हारी भाषा नहीं थी पिता
वह तुम्हारी पीड़ा नहीं थी
जिसे तुमने अज्ञात जंगलों में
कत्थई–पीले भोज पत्रों पर लिखा था...
वह तुम्हारी जीवनी नहीं थी
जिसे अपना ख़ून पिघलाकर तुम
श्लोकों, दोहों, सोरठों में गाते रहे

पिता, नहीं थी
नहीं थी पिता
वह तुम्हारी अपनी लड़ाई जिसमें तुम
बरछे को मुस्तैदी से थामे
हत्याएँ टोहते रहे
जूझते रहे गुफाओं और सुरंगों में
बारूद भरते
गंड़ासे को गुस्से में
पत्थर पर माँजते
तुम लगातार अथाह घृणा में डूबे।

पिता, नहीं था वह तुम्हारा युद्ध
भाले के फाल में लगा हुआ रक्त
तुम्हारे दुश्मन का रक्त नहीं
तुम्हारे अपनी क़बीले का ख़ून था

पिता! तुम अपने ही दुश्मन के
वफ़ादार सिपाही थे।

पोस्टरों, झण्डों और घोषणा–पत्रों में
अपने शताब्दियों पुराने ज़ख़्मों को ढाँपे
तुम जुलूस में आगे–आगे चलते रहे
नारे लगाते
तुम शहर की हर नुक्कड़ पर
खाली दीवारों पर
कोलतार से लिखते रहे
सत्ता के दिये हुए मोहक, सुनहरे, दगाबाज़ नारे...

पिता, ये नारे तुम्हारे नहीं थे
यह इतिहास तुम्हारा नहीं था
बिल्कुल नहीं था।

तुम्हें मालूम नहीं पिता
इतिहास की इस अँधेरी गहरी सुरंग में
तुम्हारा कितना लहू
कितना पसीना
कितना दर्द बहता रहा जिसमें
क़िलों, प्रकोष्ठों और इतिहास की क़ीमती पुस्तकों में
रहने वाले इतिहास पुरुष
अपने दाँत माँजते रहे
कुल्ला करते रहे तुम्हारे अन्धेपन पर
नहाते रहे तुम्हारे नरक की यातनाओं को
उलीच–उलीच कर
तुम्हारे रक्त को सींचकर गुलाबों की
बागवानी करते वे कुछ लोग

देखो पिता, देखो
इतिहास के इन लम्बे अनुभवों के साथ
अब दाख़िल होते हैं हम

अपने नर्क से हमें आशीष दो
पिता, हमारे साथ आओ
आख़िरकार
हम आ रहे हैं प्रतिशोध की
सामूहिक आग में जलते।

बैलाडीला

(कुछ दिनों बाद)

आज सत्ताईस अप्रैल के आसपास
फिर बूट बज रहे हैं...

आज सत्ताईस अप्रैल के बिल्कुल क़रीब
बारूद बचा हुआ है...

मुझे अपने परिवार के साथ
इस हाहाकार से बचने के लिए
कल यानी
अट्ठाईस अप्रैल की नींद चाहिए...

सिर्फ़ थोड़ी–सी नींद
बिल्कुल–ज़रा–सी
थोड़ी–सी साँस जिसके अँधेरे में
मैं अपने बच्चे के साथ सो सकूँ।

अट्ठाईस अप्रैल को ऐसा नहीं होगा
जैसा आज सत्ताईस अप्रैल को है
सत्ताईस अप्रैल को कुछ भी नहीं
बचेगा
अट्ठाईस को।
अट्ठाईस महान अप्रैल है

बड़ा नया विशाल गरुड़ ध्वज
प्रजापतन्त्र...
बहुत फ़र्क़ है।

अट्ठाईस अप्रैल में आदमी
परिवार के साथ ज़िन्दा रह सकता है
बस सकता है टहल सकता है
यूँ ही–सा कुछ

आज सत्ताईस को
प्रार्थना है–प्रभु ! इन
सारी तारीख़ों को क्षमा कर देना
तारीख़ें नहीं जानतीं
वे क्या कर रही हैं...

यह प्रार्थना–प्रभु!
कपास का सफ़ेद फूल है
लाल रक्त में भीगता हुआ।

सत्ताईस अप्रैल एक प्रार्थना है

अट्ठाईस अप्रैल कपास का फूल है
सत्ताईस के ख़ून से लिथड़कर
बाहर निकलता हुआ।

आज बारूद बचा हुआ है
हत्याएँ बची हुई हैं
मुझे अपनी आँख, दिमाग़
और परिवार के लिए।
कल की नींद चाहिए।

थोड़ी–सी,
बिल्कुल ज़रा–सी।

मेरा बच्चा आख़िरकार
कपास के फूल से बने गद्दे में
सोना चाहता है–
अप्रैल उन्नीस सौ अठहत्तर की
सत्ताईसवीं तारीख़ को।

जेठ की धूप में
आँच तो रहेगी ही

सरकार

आये
आये चार जन
आये और गाँव के बाहर
चौहद्दी में तम्बू लगाया

चौहद्दी में बना चबूतरा
चूने से लीपा गया
चार कुर्सियाँ आईं
चार टेबल लाये गये

और चारों जन
चार कुर्सियों पर
एक पंक्ति में बैठ गये

फिर धीरे–धीरे
गाँव के बूढ़े आये
जवान आये
बच्चे आये
बहुएँ–पतोहुएँ आईं
बहनें आईं

सब डरे–डरे
चारों जन के

चारों ओर बैठ गये
कुर्सी के नीचे
टेबल के नीचे
चबूतरे के नीचे

चारों ने चार कण्ठों से
एक स्वर में कहा–
'हमीं सरकार हैं'
फिर चुप हो गये।

चारों में से एक
जो खाकी था
उसने हाँक लगाई
'दुक्खन बहू हाजिर है...ऽ...'

दुक्खन बहू
दुक्खन की बेवा थी
दुक्खन दुक्ख भोगता फ़ौत हो गया था
पाँच साल हुए

दुक्खन बहू ने कहा–
'सरकार लगान के बाबत
फ़रियाद है
कि बारिश नहीं हुई
धरती झुरा गई
खेत फट गये
गाछों के पात
खड़–खड़ बजने लगे'

'कुठिला में दाना भी नहीं
जो था सो हमने खा लिया

जब खा ही लिया
तो खेत में छींटते क्या
सो लगान के बाबत
फ़रियाद है...'

'चुप रहो'–खाकी ने डाँटा
सफ़ेद ने आँख चढ़ाई
पीले ने झिड़का
और जो सतरंगा था
उसने अपना चश्मा ठीक किया

फिर चारों चार कण्ठ से
एक स्वर में बोले–
'हम सरकार हैं'

दुक्खन बहू बोली–
'जो सरकार हो तो
रियाया का दुक्ख समझो
बारिश करो
खेत में फसल पैदा करो'

'ये तुम कौन–से सरकार हो जी
राच्छस की तरह आते हो
तबाही मचाते हो
सब समेट–बटोरकर ले जाते हो'

'दुक्खन तुम्हारे डर से
चार महीना जंगल में लुका रहा
फिर जाने कौन–सा
सरकारी बाघ उसे खा गया...'
खाकी ने कहा–

'बोलती बहुत है ये औरत'
सफ़ेद खड़ा हुआ
पीला बड़बड़ाया
और सतरंगे ने कलम चलाई

नीचे लोग जो धरती पर
बैठे थे चुप वे उठे
खड़े हुए
तन गये
फुसफुस उभरी
और परस्पर समझदारी की
नदी बहने लगी उनके बीच

उस नदी में ऊँची–ऊँची
गुस्सैल लहरें थीं
भँवर थी और पागल धार थी
और सबसे ऊँची लहर पर
सवार थी दुक्खन बहू
फिर थे दूसरे–दूसरे
असंख्य–अनगिनत अपार लोग

ऐसी पागल और वेगवती नदी का
इतिहास की किताबों में
कई बार ज़िक्र है
वैसी ही नदी थी यह पहाड़ी
काली–मटैली–मदोन्मत्त
सब कुछ साथ बहाकर ले जाने वाली

थे जो चार जन
जो ख़ुद को सरकार बतलाते थे
गाहे–बगाहे

बेधड़क गाँव में आते थे
और सब कुछ बाँध ले जाते थे

आज उनकी हवा भी नहीं थी
उनके चेहरे
जस्ते की तरह सफ़ेद थे

देखा उन्होंने देखा
अपनी डूबती हिंस्र आँखों से देखा
कि एक ठाठदार लहर ऊपर उठी

सुना उन्होंने सुना
अपने अन्तिम समय उन्होंने साफ़–साफ़ सुना
चबूतरे के चारों तरफ़ शोर उठ रहा था–

'हम सरकार हैं।'

मालिक, आप नाहक नाराज़ हैं

मालिक, आख़िर हवा तो आपके कहने से नहीं चलती
धूप का क्या करेंगे आप जो गिरेगी ही
आपकी बरौनियों में
आपके ऊपर चढ़कर फुदकेंगी ही
रोशनी की नटखट, चौकन्नी गिलहरियाँ

रंगों पर तो बस नहीं है आपका
आप जब भी निहारेंगे
वे खिलखिलाएँगे आपके ख़ून में
छुपा–छुपी खेलने लगेंगे
घुसकर

इन सबको मना तो नहीं
कर सकते आप

मैं ठीक कह रहा हूँ मालिक,
आप नाहक नाराज़ हैं
भूल जाइए बिल्कुल उन चीज़ों को
जिन पर हुक्म नहीं चलता आपका
आख़िर हवा किसनिया कहारिन तो है नही मालिक,
जो कराहती हुई
चौका–बासन करे आपका

बाल्टी भर–भर पानी
छत तक चढ़ाए
दो घण्टे छोटे बाबू को बहलाए
और फिर आपका
बिछौना बिछाए

आख़िर धूप सुरजा तो है नहीं मालिक
जिसकी कमीज़ आप गुस्से में फाड़ दें और
जिसकी काली पीठ पर
अपनी चिलमची के गुल झाड़ दें

धूप सुरजा नहीं है मालिक
जिसे आप अपनी बैठक में उकड़ूँ बैठाकर
गरियाते रहें
और पीटते रहें

और रंग
रंग आपके चाकर नहीं हैं सरकार
जो आपका लिहाज़ करें
हुक्का भर लाएँ, सलाम बजाएँ
आपकी ड्योढ़ीदारी करें

आपके बनिहारों के बच्चे नहीं हैं ये
भोले–भाले रंग
जो आपको देखकर
अपने–अपने ओसारों में छुप जाएँ
इन सब पर नाहक ही बिगड़कर
अपना ख़ून जला रहे हैं आप
बे–बात की बात बड़बड़ा रहे हैं आप

आख़िर जेठ की धूप में

आँच तो रहेगी ही मालिक
आख़िर हवा में धूल–धक्कड़
तिनका–पत्ता तो होगा ही
आपके सामने
किसनिया की तरह खड़ी तो नहीं रहेगी हवा
सिर झुकाए...अदब से
चुपचाप

मालिक, यह धूप है
जेठ की असल
जैसे–जैसे सूरज चढ़ेगा और धरती घूमेगी
यह और तपतपाएगी
गर्म लाल लोहे की तरह
और मोम की तरह चुएँगे आप

कुलबुलाएँगे
बिलबिलाएँगे आप
कितना ही अंगोछा लगा लें सरकार

और हवा,
इसके मन की बात तो मत पूछिए मालिक
जितना ही आप गुस्साएँगे
उतना ही सिर पर दौड़ेगी कंघी–पाटी मेटती हुई
आपकी कोई बात अगर इसके कलेजे लगी
तो मत पूछिए फिर सरकार
हवा बिगड़ उठती है तो कहर ढाती है
कँगूरे, गुम्बद, क़िले सब बिखेर डालती है
जहाज़ों को गेंद की तरह उछालती है
नदियों को फुहार बना देती है
तिनगी को बड़वागिन

आप तो फिर क्या हैं मालिक!
फूस की तरह उड़ेंगे अन्धड़ में
पटकनी खाएँगे खपरैलों में
बे–पर्द अलग हो जाएँगे

और नीचे धरती पर
इत्ते सारे–इत्ते सारे रंग
सब के सब
आपका मज़ाक़ बनाएँगे।

गेम सैंक्चुअरी

डाक बँगले में जहाँ शिकार के लिए
ठहरे हुए थे नौजवान अफ़सर
थर्मस में से कॉफ़ी निकाल–निकालकर
पीते कहकहाते–ठट्ठ...ठट्ठ...
'उई...मी...गॉश' अफ़सरानियाँ करतीं
खिल्ल–खिल्ल, ताश के पत्ते फेंटे जाते।

हाथी होता सवारी के लिए तो जंगल कुछ और होता
डालियाँ क़रीब होतीं सोनिया
तुम्हारे गालों के...अह! अह!

बूढ़ा नौकर गम्भीर–गमज़दा आता।
अदब जताता हुआ, भीतर–भीतर मुस्कुराता।
सैंतालीस के पहले जैसी ही हैं
इन नौजवान अफ़सरों की आँखें
वही सब कुछ खोजती हैं।
और मेमें तो वैसी ही हैं हू–ब–हू
बस ज़रा सँवला गई हैं
कूल्हे कुछ ज़्यादा भारी हो गये हैं और
उतना फुदक नहीं पातीं
खुराक भी है कुछ ज़्यादा...गोरिनें तो
एक–दो अण्डा और एकाध स्लाइस बस...
नौकर पानी ले आओ ठण्डा

दरी बिछा दो नौकर उस नीम की छाँह में
नौकर सलाद काटो
दौड़कर बाज़ार से काग़ज़ी नीबू ले आओ
काग़ज़ी नीबू सेहत के लिए मुफ़ीद होते हैं
चर्बी छँटती है

यहाँ कचरा है नौकर ज़रा झाड़ू तो मार दो
कपड़े प्रेस हुए कि नहीं
दोपहर में लंच क्या बनाया है
सोनिया नहाएगी पानी रखो बाल्टी में
नौकर तुम, ऊँघते कछुए की तरह चलते हो

पता नहीं डाक बँगलों में
ऐसे बूढ़े, गन्दे और सुस्त नौकर
क्यों रखे जाते हैं
नौकर तो जवान और चुस्त होने चाहिए
मेमें मिमियाती हैं

डाक बँगलों में आदिवासी भील कन्या होनी चाहिए
यहाँ आयें हम तो लगे हमें
कि हम यहाँ के जन–जीवन के एक अंग हैं
पूरा वातावरण बनाना चाहिए
पर्यटकों के लिए, गम्भीर कला प्रेमी
अफ़सर कहता है गम्भीरता से

नौकरानी ऐसी हो
कि हर बात में हँसे खिल्ल–खिल्ल
तो लगे जैसे हज़ारों जंगली फूल
चिटक गये हों
एक भोली हिरनी चौंककर
चौकड़ी मार गई हो

नशे में हैं अफ़सर
नशे में हैं मेमें

डॉली, तुम्हारे गले के नीचे
एक कीड़ा चल रहा है
इजाज़त है? होह! होह!
है?
नईं।
है?
नईं।
है?
है।
तो...

नौकर गैरेज का ताला खोलो
ज़रा सलाद और काटो
कैमरा, रेडियो, बाजा–गाजा,
यह ट्रंक, थर्मस जीप में रखो

सुनो नौकर,
एक ख़ाली गिलास और दे जाओ

नौकर, हाऊ सिली...
ज़िन्दगी–भर यह आदमी सोता
रहा है

अफ़सरानी ताश समेटती है। अपने
कपड़े सँभालती है। बूढ़े नौकर को
घूरती है गुस्से में।
कला प्रेमी अफ़सर समझाता है
नौकरों के प्रति हमें उदार होना चाहिए।

नौकर, साइकिल चला लेते हो?
दौड़कर बाज़ार से बर्फ़ की सिल्ली ले आओ
अण्डे भी ले आना नौकर

ए, नौकर, हमारे नौजवान
सत्तेन बाबू का तो कुछ ख़याल करो...
गम्भीर कला प्रेमी अफ़सर
दाँत निकालकर आँख दबाता है बाईं

डॉली और सोनिया हँसती हैं—हाई...ई...ई
घण्टियाँ टुनटुनाती हैं—टुनन...टुन...टुन...

डॉली के गले में जलतरंग है...होह! होह!

जब भी मन पड़ता है
तुम्हीं तो बजा लेते हो बास्टर्ड...खी! खी!

बूढ़ा नौकर सुनता अफ़सर—अफ़सरानियों की बातें
सब, घिरनी की तरह घूमता इधर से उधर
उधर से इधर।
बूढ़े नौकर के पाँव में फिरनी लगी है।
खाँसता है बूढ़ा नौकर खक्ख्...खक्ख्...
काँखता ऊह...ऊह
बर्फ़ की सिल्ली ढोता बूढ़ा नौकर
कागज़ी नीबू लाता

सलाद काटता
सलाद में ज़्यादा मिर्च डालता
डॉली और सोनिया की भी आँख—नाक बहती
गालियाँ बकतीं, रूमाल लगातीं
सोनिया अपनी काँख के बाल का पसीना

पोंछकर सूँघती
तुम्हारा नाम क्या है नौकर?

बूढ़े नौकर को मितली आती। मेरा नाम
नौकर है मेम सा'ब वह कहता। और हँसता
भीतर–भीतर डाक बँगले का बूढ़ा नौकर।
दमा होगा दमा तुम्हें
हाथी पाँव हो जाएगा पैरों में
मुटिया कर दिल के मरीज़ बनोगे
कूल्हे हिल नहीं पाएँगे एक दिन
गुर्दे से मवाद आएगा

फिरंगियों की तरह सुनोगे एक दिन
तुम कि फिर से एक और सैंतालीस आया है
उस रात गोरा लाट और उसकी छोकरी
रात–भर रोते रहे थे...

नौकर ऐसा करो
नौकर वैसा करो
ठहरो नौकर, इधर सुनो
इसे उठाओ नौकर, इसे धरो
जाओ नौकर
आओ नौकर

नौकर हम जीप में बैठकर
जंगल में जाएँगे और झाड़ियों के पीछे
डॉली और सोनिया के साथ
पिकनिक मनाएँगे

नौकर टिफिन लेकर तुम भी
जीप के पीछे लटक जाओ।

बहेलिये

उनकी योजना है
एक उवन हो हरा–भरा
दूर पश्चिम से वे चहचहाते पक्षी
बुलाएँ संगमरमर के जलाशय में
पुरइन के नीचे मछलियाँ हों
कई–कई महासागरों के रंग–बिरंगे
अनुभवों को पानी में बिखेरती

उनके योजना पत्रों में
वृक्ष हैं हर देश के हर जंगल में हर मौसम
हर साल पैदा होने वाले

बहेलिये हैं वे
वे जो फूलों के कपड़े पहने
फूलों के रथ में आये हैं इधर

बहेलिये हैं वे

वे जिनके शब्द हैं बेहद कोमल
लचीले नर्म कोंपलों की तरह
शहद जैसी हथेलियाँ हैं जिनकी
पगथलियाँ हैं
कमल की पंखुड़ियों–सी

अपने रोज़नामचे में
बच्चों, फूलों, पौधों, नदियों,
चिड़ियों के नाम दर्ज करते
मौसम के महीन से महीन परिवर्तनों पर
छन्द लिखते किशोरी अमोनकर और
कुमार गन्धर्व के गायन में
आह–आह करते

बहेलिये हैं वे बहेलिये

बूढ़े बरगद की आँखें धोखा
नहीं खा सकतीं

वे आये हैं इधर
हमारे मोहल्ले में, कविता में, कला में
तम्बू गाड़ दिया है उन्होंने अपना

वे आये हैं
फूलों के तीर–कमान
चिड़ियों की भाषा
बच्चों की हँसी
पौधों की हरियाली के साथ

विनम्र, मुलायम, धुले,
साफ़, सफ़ेद।
गुनगुनी रुई की फाहों के बीच
नींद लेती हैं उनकी आँखें
चिड़ियों के परों का
बिछलता–फिसलता तकिया
रहता है हरदम उनके दिमाग़ के नीचे

धीरे–धीरे
नन्ही–नन्ही घण्टियों की तरह
बोलते एक–एक शब्द को
सहला–सहलाकर
पोंछते–धरते
संवेदना की गहराइयों...
गहराइयों तक जाते–लौटते

वे बहेलिये हैं

एक न एक दिन
जब पहली बारिश की उमस के बाद
पौधे बढ़ना चाहेंगे, चिड़िया चहचहाना,
बच्चे हँसना, नदी बहना
लड़की जब लम्बे प्यार के बाद
ऊबकर ब्याह करना चाहेगी
वे अपने पैने दाँत निकाल कर
गुर्राना शुरू कर देंगे

आख़िरकार
बहेलिये हैं वे।

पक्षी

उस साँवली रात को याद करते हैं
गाँव के लोग जिस रात पक्षी लौटे नहीं थे
जो लौटने के लिए कहकर
उड़ गये थे दोपहर

उनके डैनों की अन्तिम हवा छप्परों के ऊपर
मँडराती रह गई थी सिसकती हुई
घोंसलों की तलाश में—उस रात

शब्द इतने नहीं थे लोगों के पास
कि वे पक्षियों के भाग्य पर, उनकी नियति पर
या आगामी आशंकाओं पर
बहस करते हुए रात बिताते
उन्हें पश्चात्ताप था अपनी निर्बल भाषा का
जिसे लिखना उन्होंने सीखा नहीं था कभी।

आग जल रही थी
रोटियाँ सिंक रही थीं
आलू भुन रहे थे
और पास में कुल्हाड़े पड़े थे।

क्या हम में गुस्सा है इतना
कि सूखे जंगल की तरह हम जलें

और अपनी रोशनी में
भटके हुए पक्षियों को खोज लाएँ

क्या इतने अर्थवान हैं हमारे कण्ठ कि
हम पुकार सकें उन पक्षियों के सही–सही
अलग–अलग नाम
जिन नामों से वृक्ष और खेत और
धरती के दाने उन्हें पुकारते हैं

अलाव के ताप में सिमटते हुए बूढ़ों ने कहा–
हमें मालूम है ऐसी कई साँवली रातों के बारे में
जब हम जवान थे तैंतीस साल पहले भी
थी ऐसी ही रात तब हम कभी–कभी
ख़ूबसूरत समझते थे ऐसी रातों को
दिन–भर की थकान के बाद रात–भर
अलगोझा, मादल और बाँसुरी बजाते
नशे में झूमते–गाते–नाचते थे हम...

परिन्दे इस तरह कई बार साज़िशों के शिकार होते हैं
भूख–या कहो, दानों की चाह उन्हें
जाल में फँसाती है

लेकिन परिन्दे लौटते ज़रूर हैं
कई बार इसी तरह रात–भर ग़ायब रहने के बाद
वे सुबह–सुबह रंग–बिरंगे पंख लेकर आते हैं
और सारे आकाश में छा जाते हैं।

सन्नाटा था
डैनों की आवाज़ कहीं नहीं थी
घोंसले सूने थे और अण्डे
घास पर गिरे पड़े थे। बड़ी विकट

स्तब्ध सुनसान और नशीली थी वह रात।

आग की लपट तेज़ हो रही थी
और ऊपर उठती जा रही थी।
लोगों के चेहरों में भी
लपटें थीं
चेहरे ताँबे की तरह
दहकने लगे थे।

क्या उड़ सकेंगे हम कभी
बिना पक्षियों के
बिना पक्षियों के आकाश
हमारे लिए जाने कैसा होगा

पक्षियों के बिना हम
गाएँगे कैसे ज़िन्दा कैसे रहेंगे

अपनी यातनाओं के पार
देख पाने के लिए
पक्षी ज़रूरी हैं सदा हमारे लिए

आह! यह साँवली–नशीली रात
जिसने पक्षियों को हमसे छीन लिया

जवानों ने
अलगोझे धरती पर
टिका दिये

और इन्तज़ार नहीं कर सकते हम
पक्षियों को जीत लाएँगे हम
इसी काली–कलूटी डायन जैसी रात में
साँवली–साँवली मत कहो इसे

जल रही हैं हमारी आँखें

जवानों ने
कुल्हाड़े
उठा लिए

कुल्हाड़े उस रात अलगोझे की तरह
मादल की तरह
बाँसुरी की तरह
लगातार बज रहे थे।

सुअर (एक)
(सुअर के बारे में कुछ कविताएँ)

एक दिन सुअर ने कहा
हम ख़ुश रहेंगे

वह सारे दिन
हँसता रहा।

एक दिन सुअर ने कहा–
हम उत्पादन बढ़ाएँगे

वह मोटा होता
चला गया।

एक दिन सुअर बोला–
बाक़ी तो ठीक है
बस हमें मेहनत करनी चाहिए
उस दिन सुअर
दिन–भर सोता रहा

एक दिन सुअर
सुबह से कुछ घबड़ाया हुआ था
वह कुछ बोल नहीं सका
उसके मोहल्ले में

सफ़ाई महकमे के कर्मचारियों ने
हड़ताल कर रखी थी
उन्हें पगार नहीं मिली थी
बाज़ार में राशन नहीं था
सब्ज़ी ग़ायब थी
फिर भी उन्होंने जाने क्यों
एक बड़े से चूल्हे पर
एक बड़ी–सी कड़ाही चढ़ा रखी थी।

सुअर कड़ाही से
डर गया था।

सुअर (दो)

एक ऊँची इमारत से
बिल्कुल तड़के
एक तन्दुरुस्त सुअर निकला
और मगरमच्छ जैसी कार में
बैठकर
शहर की ओर चला गया

शहर में जलसा था
फ्लैश चमके
जै–जै हुई
कॉफ़ी–बिस्कुट बँटे
मालाएँ उछलीं

अगली सुबह
सुअर अख़बार में
मुस्करा रहा था
उसने कहा था
हम विकास कर रहे हैं।

उसी रात शहर से
चीनी और मिट्टी का तेल
ग़ायब थे।

सुअर (तीन)

एक दिन सुअर को
ख़ूब ज़ोरों का जुकाम हुआ।

नाक बहने लगी
गले में घर्राहट
और खाँसी के झटके।

नाक जब ज़्यादा बहे
तो उसे पोंछना तो ज़रूरी है।

नाक जब ज़्यादा बहने लगी
तो सुअर ने
मेमने को बुलाया

सुअर ने कहा–
'मेमने, अपने नर्म–गर्म
रोओं से कती
ऊनी रूमाल मुझे दे
जो ख़ूब साफ़–सफ़ेद हो।'

मेमना तीन दिन पहले ही तो
मूँड़ा गया था
उसके रोओं से कती जाकिट

सुअर ने पहन रखी थी
फिर मेमना इतनी जल्द
अपनी पीठ पर
और रोयें कैसे उगाता?

तो मेमना कुछ देर सोचने लगा
कुछ देर सोचने लगा
इसलिए कुछ देर
चुप हो गया

तब तक सुअर की नाक
फिर बहने लगी
सुअर ने मेमने को मारा
उसकी खाल से नाक पोंछी

फिर एक टुकड़ा
दर्ज़ी को दिया
और अपने सिर के लिए
नर्म–गर्म
साफ़–सफ़ेद
टोपी सिलाई

सुअर (चार)

सुअर ने कहा–
हिरनों ने शिकायत की है
कि जंगल में
घास की कमी है।

हिरनों की तादाद
ज़्यादा है
और घास की तादाद
कम है।

सुअर ने कहा–
हिरन जिस तादाद में
पैदा होते हैं
घास उस तादाद में
पैदा नहीं होती

ये कौन–सा तरीक़ा है
कि हिरन
सुअरों की तरह बच्चे जनें
फिर घास की शिकायत करें

सुअर ने कहा–
चूँकि हिरनों ने

शिकायत की ही है
इसलिए अब
हिरन और घास का
अनुपात तय करना ही होगा।

हिरन कम होंगे
तो एक हिरन के हिस्से में
दिन–भर ज़्यादा घास आएगी।

सुअर (पाँच)

दुनिया के हर बड़े शहर में
सुअर की इमारतें थीं
वह एक विशाल यन्त्र–पक्षी पर बैठकर
उन शहरों को जाता था

दुनिया में जितने मुल्क थे
उससे कहीं अधिक बड़े शहर थे
उससे भी कहीं अधिक सुअर की इमारतें थीं।

हर शहर की
हर इमारत में
सुअर की बीवियाँ थीं

इस तरह दुनिया में
जितने मुल्क थे
उससे ज़्यादा शहर थे
उससे ज़्यादा सुअर की इमारतें थीं
और उससे भी कहीं ज़्यादा
सुअर की बीवियाँ थीं

एक दिन सुअर को
हर मुल्क के हर शहर की
हर इमारत में रहने–बसने वाली

बीवी की तरफ़ से भेजे गये
एक साथ
कई टेलीग्राम मिले

सभी में सुअर के
बाप बनने की ख़बर थी

सुअर विशाल यन्त्र पक्षी पर
बैठकर
हर शहर की हर इमारत में गया
इसके कुछ दिनों बाद
सुअर ने गोलमेज़ सम्मेलन बुलाया
जिसमें सुअर की
सारी बीवियाँ शामिल हुईं

सुअर गुस्से में था
उसने गुर्राते हुए कहा–
'मेरे किसी भी बच्चे का रंग
मेरे जैसा स्याह क्यों नहीं है
उनकी खाल मेरी जैसी
खुरदरी, कठोर और ठूँठदार क्यों नहीं है
मेरे जैसे तीखे, मज़बूत, नुकीले
खीस कहाँ हैं
उनकी आँखें खरगोश की तरह
फूहड़ और डरपोक क्यों
दिखाई देती हैं?'

मेरी बीवियाँ बताएँ
क्या ये मेरे ही बच्चे हैं?
बीवियों ने उसे समझाया–
'सुनो हमारे आका,

किसी भी सुअर के बच्चे
शुरू में
सुअर नहीं होते

वे खरगोश और मेमने से भी ज़्यादा
मुलायम, नर्म और
गये–गुज़रे होते हैं

वो तो हम हैं
जो उन्हें पढ़ाते–सिखाते हैं
नसीहतें देते हैं
वैसा माहौल बनाते हैं

इस तरह
धीरे–धीरे हर रोज़
उन्हें सुअर बनाते जाते हैं।

सुअर (छह)

सुअर ने दूर जंगल में
नीले झरने के पास
एक ख़ूबसूरत चिड़िया को
बाँसुरी बजाते सुना था

उसने सुन रखा था
कि हिरनों का जोड़ा
जब एकान्त में होता है
तो तानपूरे के तार छेड़ता है

एक दिन सुअर ने कहा–
संगीत और कला के बिना
कोई भी सुअर
पूँछ विहीन है
कला में सुअर को दक्ष होना चाहिए

सो सुअर ने
बाँसुरी मँगाई और
तानपूरा मँगाया

उसने महफ़िल जुटाई
और तानपूरे के तारों पर
खीस और खुर

घिसने लगा

तानपूरे के कई तार टूटे
कई ढीले पड़े

फिर सुअर ने
बाँसुरी में फूँक मारी
बाँसुरी और तानपूरे पर
जितने भी सुर पैदा हुए
उन्हें सुनकर
सारे दूसरे सुअर
मगन हो मूड़ हिलाने लगे

सुअर ने कहा–
तो इस तरह कला के इतिहास में
सुअर–संगीत पैदा हुआ

एक दिन सुअर उदास था
उसने कहा–
क्यों है ऐसा कि
सुअर–संगीत जब बजता है तो
सिर्फ़ सुअर सिर हिलाते हैं
सिर्फ़ सुअर गुनगुनाते हैं
सिर्फ़ सुअर मुस्कुराते हैं
सुअर–संगीत तो
कालातीत और वर्गातीत है
यह ईश्वर है
और हर कुलीन संस्कार में
व्यापता है
जब तक दूसरे

जल–चर, थल–चर इसे नहीं अपनाते
तब तक सुअर संगीत का
साम्राज्य खण्डित ही रहेगा

सुअर–संगीत
कला का चक्रवर्ती सम्राट है

सुअर ने कहा–
सत्ता को सुअर–संगीत के
प्रसार और प्रचार में
जुट जाना चाहिए

इस तरह
एक दिन
सुअर ने
हिरन को
दरबार में बुलाया

बुलाया और हिरन को उसने
दूब के एक हरे–भरे मैदान में
पूरी तरह स्वतन्त्र हो
चरने और विचरने का अभयदान दिया

दूब धीरे–धीरे
हिरन की आँखों में छाने लगी
हिरन के दिमाग़ की ओर
जाने वाली तमाम नसों में
दूब की हरियाली
गश्त लगाने लगी

और तब
सुअर ने
अपना
तान पूरा बजाया

हिरन के शुरू में
दूब की अथाह गन्ध में डूबकर
वाह–वाह की
आह–आह की
फिर धीरे–धीरे उसे
सुअर–संगीत सचमुच भाने लगा
भाने लगा
और हिरन
सुअर–संगीत के
द्रुत और विलम्बित
गाने लगा

होते–होते यह हुआ
कि एक दिन
हिरन के लिए
सुअर–संगीत
दूब का एक हरा–भरा
मैदान बन गया

और होते–होते यह हुआ
कि हिरन के
ख़ूबसूरत चंचल कान
सुअर जैसे हो गये

इस तरह जब हिरन
एक दिन पूरी तरह
सुअर बन गया
तब सुअर ने उसे
सुअर–पीठ का
सर्वोच्च कला पुरस्कार देकर
सम्मानित किया।

महापुरूष

नहा–धोकर
नए उजले कपड़े पहन
साबुन और सेंट में गमकते
जब बाहर बरामदे में
निकलते हैं महापुरुष।

तो लोग कहते हैं
धन्य हैं महापुरुष।

लोग कहते हैं
महापुरुष दशावतार हैं
विराट वामन हैं
सत्ता के असली पाये हैं
सभ्यता के गुम्बद हैं
महापुरुष क़ीमती हैं
अपनी तरह के एक हैं

मह–मह महकते हुए
महान हैं
महापुरुष।

सफ़ेद खादी–सी उजली
हँसी चेहरे पर बिखेर

महापुरुष कीर्तन के पद
बोलते हैं
चौपाइयों के पतित पावन
शब्द उचारते हैं
रेडियो में गूँजते हैं
कला–दीर्घा में घूमते हैं

महापुरुष का
दीन–दुनिया से
लेना–देना नहीं कोई
फिर भी जगत् की विपत्तियों के
मूलभूत कारण हैं
महापुरुष।

महापुरुष की धोती का
एक छोर
नगर सेठ की तिजोरी में है
दूसरा संसद की कुर्सी में

युग पुरुष हैं
महापुरुष
भरपूर पुरुष हैं
महापुरुष।

भव्य कोठी के
दिव्य लॉन में
महापुरुष के सामने
दाँत हैं अनगिनत
निपुरे हुए
प्रणाम हैं बिखरे हुए
नमस्ते हैं पसरे हुए

धन्य–धन्य हैं
अहा–अहा हैं
महापुरुष के सामने।

महापुरुष के पीछे
गालियाँ हैं
बेहद नंगी–बेहद बेडौल
फूहड़ घिनौनी गालियाँ

इन्हें सुन लें महापुरुष
तो दिवंगत हो जाएँ महापुरुष

महापुरुष की हथेलियों में
आशीर्वचन हैं
विपदाएँ हैं
ख़तरे हैं
नौकरियाँ हैं

महापुरुष गड्डी हैं
नोटों की
और विपत्तियों की

इस बार भी हारे हैं महापुरुष
चुनाव में
फिर भी जीते हैं महापुरुष
चुनाव में

महापुरुष लस्त–पस्त हैं
अस्त–व्यस्त हैं
लेकिन सिद्धहस्त हैं महापुरुष
अपने लोगों के लिए

बुद्ध मुद्रा में
एवमस्तु हैं महापुरुष।

प्रजातन्त्र एक मन्त्र है
जिसे फूँकते हैं महापुरुष
हारते हैं तो जीतते हैं
जीतते हैं तो जीतते हैं

महापुरुष।
नहा–धो कर
नए उजले कपड़े पहन
साबुन और सेंट में गमकते
जब बाहर बरामदे में
निकलते हैं महापुरुष।

तो लोग कहते हैं
धन्य हैं महापुरुष

महापुरुष उजले हैं
धुले हैं
नहाए हुए हैं
खाए हुए हैं

महापुरुष
पिए हुए हैं।

अपना ही दिया खाते हैं
अपनी ही पी लेते हैं
दीन–दुनिया से क्या
लेते हैं
देते हैं महापुरुष।

पूर्ण पुरुष हैं
महापुरुष
सम्पूर्ण पुरुष हैं
महापुरुष
अस्सी की उम्र में
भरपूर पुरुष हैं
महापुरुष।

राजा की शान

मेमने को खा जाने के बाद
जंगल का राजा
अपनी परछाईं देखता है
धूप में
और घमण्ड में गुर्राता है

उसे शानदार लगती है
अपनी चाल
अपनी क़द–काठी
अपने नाख़ून और दाँत उसे
शानदार लगते हैं

सबसे ज़्यादा शानदार और
भव्य उसे लगती है
अपनी झब्बेदार पूँछ

अपनी शानदार पूँछ
ऊपर उठाकर
गर्व से चलता है
जंगल का राजा

तो उसकी कौन–सी चीज़
खुली रह जाती है?

सम्राट की वापसी

ज्योति पत्र पर लिखे गये समर का
अन्त हो गया है...
निर्णय हो चुका है निर्मम समय का।

लौट रहे हैं सम्राट
अपने भग्न प्रासाद की ओर
हारे हुए, घायल।
घावों से भरे हुए अपने कवच
और शिरस्त्राण को
पीठ पर टाँगे
लड़ाई में दगा दे जाने वाले
अपने ख़ूबसूरत, क़ीमती हथियारों की ओर
गहरी हताशा से निहारते
सम्राट!

गुस्से की एक धूल भरी
काली आँधी रह–रहकर उठती है
उनके दिमाग में।

युद्ध के मैदान से
लौटते हुए बिना सवारों के
खाली घोड़े
उनके पराजित और भयभीत फेन
गर्दनों पर हर क़दम झूलती लगामें

हारे हुए सम्राट के
हारे हुए घोड़े
लौटते हैं अपनी खाली पीठ के साथ।

सम्राट के पीछे–पीछे
लौट रहे हैं मन्त्रिगण
सेनापति, सिपहसालार, दरबारी
पार्षद, मल्ल
पैदल
ख़ून में लिथड़े
निराश चेहरे झुकाए।

सम्राट के पीछे–पीछे
लौट रहे हैं सम्राट के वीर कलाकार,
निर्भय कवि, बहादुर गायक,
मृदंगबाज, तबलची, जनखे,
विदूषक, साजिंद
अपने फूटे हुए मृत वाद्य यन्त्रों के साथ

राज नर्तकियाँ निहारती हैं
अपने अलसाए हुए पैरों की ओर
घुँघरुओं के कंकड़ गिर गए हैं
पुराने मखमल की कालीनों में
उकेरे गये गुलाबों का रंग
उड़ चुका है।

सम्राट
युद्ध हार चुके हैं।
मुनादी करने वाले अब भी
सम्राट के नये आदेश की
प्रतीक्षा में हैं।

व्यापारी बन्द दुकानों के भीतर
बैठे हैं
नयी घोषणाओं के इन्तज़ार में
शिकारियों ने दीवालों पर
टाँग दी हैं बन्दूकें
न्यायाधीशों ने उतार दिये हैं
अपने काले लबादे

क्यों कहेंगे सम्राट अब
सोचते हैं नागरिक।

क्या कह सकते हैं
भला सम्राट अब
उनके सारे शब्द हार गए हैं।
पिट गए हैं, मुर्दा पड़े हैं उनके
वाक्य मैदान में। सम्राट के व्याकरण में
बरछों के छेद हैं।

बन्दीजन गा रहे हैं
मुक्ति गीत, मंगलाचरण
गा रही हैं बाँदियाँ। दासियों ने
रंग–बिरंगे कपड़े पहन लिए हैं।

हारे हुए सम्राट
अपनी विजयनी प्रजा के नाम
क्या सन्देश देंगे?
लौट रहे हैं सम्राट
नगर के प्रमुख राजमार्गों से होकर
असंख्य आँखों की अकूत घृणा में से होकर
पहले की ही तरह

तने हुए निर्लज्ज मस्तक के साथ
अपने निर्लज्ज सभासदों के साथ

हारे हुए सम्राट को लौटते हुए
देख रही हैं
नगर के प्रमुख चौराहों पर खड़ी
उनकी धातु मूर्तियाँ
आने वाली शताब्दियों
संवत्सरों तक
सम्राट की मूर्तियाँ
ढोती रहेंगी
सम्राट के पाप।

संग्रहालयों में
सहती रहेंगी सम्राट की मूर्तियाँ
असंख्य आँखों की
अकूत घृणाएँ।

छोटे–मोटे दुख–सुख

पैसा

नये जनमे बच्चे की तरह
वह मेरी हथेली पर गिरा

किसी महत्त्वपूर्ण घटना की तरह था
उसका गिरना मेरी हथेलियों पर
मैंने मुट्ठियों में उसे ज़ोरों से भींच लिया

वह वहीं था अपनी गुनगुनी आँच में
मेरे दिमाग़ तक रेंगता

फिर से नया, अद्‌भुत और अभूतपूर्व।
जैसे पुनर्जन्म–मैंने कहा।

मेरे कमरे में
भुनते हुए आटे की भाप थी
जीरे और प्याज की गन्ध में
शंख की तरह बजता वह था।

मैंने अपनी पत्नी के सैकड़ों वर्षों को
उसके चेहरे से पोंछ दिया
अब वह साफ़ थी
बच्चों के दूधिया दाँतों की तरह
ख़ुश और चमकदार

और अब घर में हम थे
एक–दूसरे को थरथराती आँखों से
घूरते
सैकड़ों वर्षों की थकान पर अपनी–अपनी
उँगलियाँ फिराते हम थे
और हमारा घर था
सिंचे हुए तन्दुरुस्त पेड़ की तरह
हहराता जिसकी हर टहनी पर
उम्मीदें थीं और नये–नये स्वाद
नयी–नयी छौंक में गमकते

वह वहीं था। मेरी मुट्ठियों में
धीरे–धीरे खनखनाता हुआ
मेरी नसों को पीकर
बड़ा होता।

ठनकता हुआ वह
छोटा–सा गोलमटोल
अब पत्नी की छाती पर था
उसे सोखकर
बढ़ता।

उस पृथ्वी की तरह था
जिसे अपने स्कूल में
भूगोल की किताबों में
हमने पढ़ा था।

इसके पहले कि
वह उछलकर बाहर के अँधेरे में
ग़ायब होता
पत्नी ने और मैंने

दरवाज़े बन्द कर दिये
हमने अपने दाँतों के बीच
उसे रखा और खाने लगे

हमारे दाँतों के बीच वह था
समूची पृथ्वी की तरह।
अभूतपूर्व घटना और स्वाद की तरह
वह था।

हम उसे खाते ऱहे।

हमें यकायक लगने लगा
कि उसमें हमारे अपने शरीर की गन्ध है
उसकी खनखनाहट में
हमारे पिछले दिनों की थकान
गूँज रही है

हमारे चेहरे पथरा चुके थे
पत्नी का चेहरा सख़्त और भावहीन था
कहीं कोई हलचल नहीं थी।

तिब्बत

तिब्बत से आए हुए
लामा घूमते रहते हैं
आजकल मन्त्र बुदबुदाते

उनके खच्चरों के झुण्ड
बगीचों में उतरते हैं
गेंदे के पौधों को नहीं चरते

गेंदे के एक फूल में
कितने फूल होते हैं
पापा?

तिब्बत में बरसात
जब होती है
तब हम किस मौसम में
होते हैं?

तिब्बत में जब तीन बजते हैं
तब हम किस समय में
होते हैं?

तिब्बत में
गेंदे के फूल होते हैं
क्या पापा?

लामा शंख बजाते हैं, पापा?

पापा,
लामाओं को
कम्बल ओढ़कर
अँधेरे में
तेज़–तेज़ चलते हुए देखा है
कभी?

जब लोग मर जाते हैं
तब उनकी क़ब्रों के चारों ओर
सिर झुकाकर
खड़े हो जाते हैं लामा

वे मन्त्र नहीं पढ़ते।

वे फुसफुसाते हैं–तिब्बत
तिब्बत–तिब्बत
तिब्बत–तिब्बत
तिब्बत–तिब्बत
और रोते रहते हैं
रात–रात भर।

क्या लामा
हमारी तरह ही
रोते हैं, पापा?

कुतुब मीनार की ऊँचाई

कुतुबुद्दीन ऐबक को
अब ऊपर से
नीचे देख पाने के लिए
चश्मे की ज़रूरत पड़ती

इतनी ऊँचाई से गिरकर
चश्मा
टूट जाता।

पिंजड़ा

चिड़िया
पिंजड़े में नहीं है।

पिंजड़ा गुस्से में है
आकाश ख़ुश।

आकाश की ख़ुशी में
नन्ही–सी चिड़िया
उड़ना
सीखती है।

वसन्त

रेलगाड़ी आती है
और बिना रुके
चली जाती है।

जंगल में
पलाश का एक गार्ड
लाल झण्डियाँ
दिखाता रह जाता है।

मरना

आदमी
मरने के बाद
कुछ नहीं सोचता।

आदमी
मरने के बाद
कुछ नहीं बोलता।

कुछ नहीं सोचने
और कुछ नहीं बोलने पर
आदमी
मर जाता है।

दिन

एक सुस्त बैल
हाँफ रहा है।

उसके पुट्ठों पर
चमक रहा है पसीना
थके हुए नथुनों से
गिर रहा है
सफ़ेद झाग

सफ़ेद झाग
धीरे–धीरे
सारे मैदान में
जमा हो गया है।

रात

इतने घुप्प अँधेरे में
एक पीली पतंग
धीरे–धीरे
आकाश में चढ़ रही है।

किस बच्चे की नींद में है
उसकी गड़ेरी

किस माँ की लोरियों से
निकलती है डोर!

शरारत

छत पर बच्चा
अपनी माँ के साथ आता है।

पहाड़ों की ओर वह
अपनी नन्ही उँगली दिखाता है।

पहाड़ आँख बचाकर
हलके–से पीछे हट जाते हैं।
माँ नहीं देख पाती।

बच्चा
देख लेता है।

वह ताली पीटकर उछलता है
–देखा माँ, देखा
उधर अभी
सुबह हो जाएगी।

दिल्ली

समुद्र के किनारे
अकेले नारियल के पेड़ की तरह है
एक अकेला आदमी इस शहर में।

समुद्र के ऊपर उड़ती
एक अकेली चिड़िया का कण्ठ है
एक अकेले आदमी की आवाज़

कितनी बड़ी–बड़ी इमारतें हैं दिल्ली में
असंख्य जगमग जहाज़
डगमगाते हैं चारों ओर रात–भर
कहाँ जा रहे होंगे इनमें बैठे तिजारती
कितने जवाहरात लदे होंगे इन जहाज़ों में
कितने गुलाम
अपनी पिघलती चर्बी की ऊष्मा में
पतवारों पर थककर सो गये होंगे।

ओनासिस! ओनासिस!
यहाँ तुम्हारी नगरी में
फिर से एक अकेला आदमी।

सबसे अच्छे दिन

सबसे अच्छे दिन हैं
ये मेरे

दोस्तों के ख़ूब सारे पत्र हैं
प्यार भरे
बचपन की भय हीन
स्वतन्त्र उमंगें हैं।

नौकरी मिली है और थोड़े से
रुपये जिनसे
अपनी पसन्द की किताबें और
अन्तर्देशीय ख़रीद सकता हूँ मैं
चाय पिला सकता हूँ
दोस्तों को।

चाय पीते
हँसते–हँसते दोस्त
कन्धे पर हाथ मारते हैं
कहते हैं–
छोड़ यार, तुझे ख़ूब
ख़ूब जानते हैं हम
तो मेरे भीतर
एक गौरैया

फुर्र–फुदक–फुर्र
हो जाती है।

पत्नी का चेहरा कितना तो
शान्त है
क्या मैं इसे ठहरी हवा में
ठण्डी झील कहूँ?

मेरे घुटनों को पेड़ का तना समझता है
मेरा बच्चा
दौड़कर चढ़ता है
डंगालों पर झूलता है
कूकता है–कू–ऽऽ–

ताली पीटकर गौर से
देखता है मुझे
मैं उड़ गया हूँ बाहर फुनगियों की ओर
या बैठा ही रह गया हूँ
वहीं।

सबसे अच्छे दिन हैं ये मेरे
जिन्हें दिया है मुझे
मेरे बुरे दिनों ने
पहली बार ही।

छूटते चले जाने की घटना

मैंने उससे कुछ कहा,
उसने मुझसे कुछ कहा
हम दोनों ने एक–दूसरे को
कुछ कहते हुए सुना।

वह एक–दूसरे के आर–पार
हो आने की क्रिया थी।

मैं उसकी ख़ामोशी की बगल में
एक पत्र रखकर लौट आया।
उसने मेरी नींद के क़रीब
एक गुलाब रख दिया।

अक्षर और ख़ुश्बू के फ़ासले पर
हमने एक–दूसरे का नाम लिखा।

मैंने घड़ी की सुइयाँ
रोक दीं उसने अख़बार
छुपा दिये

मैंने कहा
क्योंकि समय एक छल है
उसने खिड़कियाँ

बन्द कर दीं

वह सन्नाटे के अपने हिस्से में
मुझे देर तक छूती रही
मैं अपने अँधेरे में
उसे नंगे पाँव चलते हुए
देखता रहा
हम एक–दूसरे के
हलके की घाटियों में
गूँजते रहे
जंगल में चलते रहे
बच्चों की तरह
पुकारते हुए

मैंने उससे कुछ कहा
उसने मुझसे कुछ कहा
हम दोनों ने
एक–दूसरे को
कुछ कहते हुए सुना

वह एक–दूसरे से
छूटते चले जाने की घटना थी।

इतनी गहरी
लगातार
तार की तरह न टूटने वाली
बारिश के बाद
कई वर्ष धुलकर चमक उठे हैं
अनुभवों की पुरानी धूल से छूटकर
कितने धुले हुए पन्ने

सड़क पर बिखरे पड़े हैं
साफ़–उजले

कितने भीगे हुए
खाली घोंसले हिल रहे हैं
हमारी स्मृतियों में

पत्तियों की तरह झरती
पुरानी तारीख़ों
और बूँदों की
किस आहट के क़रीब हमने
एक–दूसरे को
याद किया होगा

अपने हिस्से की बारिश
के गुज़रने के बाद
हमने अपने–अपने भीगे हुए
कपड़े छुपा दिये

और एक–दूसरे के सामने
लगातार हँसते रहे
पत्थरों की तरह।

मैं 'पेड़' लिखकर
क्या इस अमरूद के तने पर
तीन साल पुराने चाकू के घाव का दर्द
आप तक पहुँचा पाता हूँ
या फलों के भीतर
ऋतुओं की मिठास और महक का स्वाद
आपको दे पाता हूँ

इतनी बड़ी ग़लती हुई
मैंने इस आत्मीय सम्बन्धी को
बीस साल पुरानी कृतज्ञता और उपकार के बावजूद
ऐसा सामान्य
ऐसा चलताऊ–सा नाम दिया

मैं कहना चाहता हूँ
मुझे क्षमा करो
दादा, लौट आओ
मुझे भूख लगी है
अपने वात्सल्य और करुणा से भरे
फल मुझे परोसो

मेरे भाई, जंगल में
बड़ी भीड़ है
मुझसे नाराज़ होकर
उस घुटन में तो मत जाओ
मैं जानता हूँ
अगर, मैंने फिर पुकारा तुम्हें
'पेड़' कहकर

तो तुम नहीं
बाक़ी का सारा जंगल मेरे पास चला आएगा।

❐❐

कविता

मैंने झुककर
अपनी कॉपी में लिखा
'पेड़'

और मैंने लम्बे–लम्बे डग भरकर
जंगल की ओर ग़ायब होते देखा
पिछवाड़े के अमरूद को

बीस साल से
उस अमरूद के कन्धों पर बैठकर
मैंने उसके दिये
फल खाये थे

वर्षा और शरद को
मैंने हफ्तों उसमें धीरे–धीरे पकते
देखा था

आप जानते होंगे
सुबह–सुबह की महीन ठण्डी हवा
सबसे पहले पत्तियों में घुलती है
मिसरी की तरह
फिर उनकी सिहरन के साथ–साथ
डण्ठलों तक पहुँचती है
और फलों में शीतलता और शहद बनकर
थिरा जाती है।